Introduction

Intelligence artificielle expliquée pour tout le monde

Enjeux majeures liées à la manipulation de l'opinion publique par l'IA

Mise en contexte des enjeux démocratiques, de la liberté d'expression et de la stabilité sociale

Enjeux Démocratiques

Liberté d'Expression et environnement numérique

Stabilité Sociale

Quelques facteurs perturbateurs de la liberté d'expression

Polarisation du discours numérique et érosion de la diversité des idées

Risque d'enfermement idéologique

Les outils d'influence automatisés

L'écosystème des bots

La puissance de l'algorithme de recommandation

La psychologie des notifications : les sirènes numériques qui captivent

Les profils psychographiques : les profondeurs de l'intime numérique

L'économie de l'attention

L'intelligence artificielle générative

Désinformation Automatisée

Propagation Sophistiquée

L'énigme de la manipulation des tendances

Personnalisation de la désinformation

Propagande informationnelle

Manipulation comportementale sur les réseaux sociaux

Le théâtre des réactions

La tunnelisation cognitive

Des pistes pour lutter contre la manipulation

informationnelle
    Renforcer la résilience face à la désinformation
    Formation du public à la lutte contre la manipulation en ligne
    Stratégies transgénérationnelles
Conclusion

INTRODUCTION

C'était une soirée embrumée, les lumières tamisées de la ville dansaient à travers les rideaux mal tirés de la chambre de Clara. Assise à son bureau éclairé par l'écran hypnotique de son ordinateur, elle naviguait à travers les tumultes numériques, cherchant une lueur de compréhension dans le dédale complexe de l'information en ligne.

Dans cette arène virtuelle où se joue la destinée de nos pensées collectives, l'intelligence artificielle se dresse en maître de cérémonie, orchestrant un ballet de bits et d'algorithmes qui transcende l'imagination. Imaginez-vous un instant en proie à un pas de danse, où chaque mouvement de souris, chaque frappe de clavier, devient une note dans la symphonie secrète de l'influence numérique.

Au creux de cette révolution technologique, l'IA se métamorphose en une entité insaisissable, disséquant nos préférences, décryptant nos comportements, pour tisser une toile invisible qui enveloppe notre conscience collective. Les rouages cachés de cette mécanique complexe transforment chaque interaction en un fragment de réalité modelé par des algorithmes omniscients.

Nous pénétrerons dans ce sanctuaire de l'IA, où la frontière entre l'artificiel et le réel se dissout dans une danse hypnotique. Chaque avatar, chaque profil, devient une marionnette virtuelle dans les mains expertes de l'intelligence artificielle, qui façonne nos convictions avec une précision chirurgicale.

Les algorithmes, ces entités numériques décidément capricieuses, semblaient anticiper ses pensées, deviner ses inclinations politiques, et lui offrir un contenu sur mesure, soigneusement calibré pour confirmer ses croyances. Elle se trouvait dans un étrange état d'émerveillement et d'appréhension, se demandant comment son écran pouvait connaître si intimement les nuances de ses convictions.

Au fil des jours qui suivirent, elle découvrit que sa bulle numérique n'était pas une exception, mais plutôt la règle. Des millions de vies étaient tissées dans ce même réseau invisible, chaque individu devenant un protagoniste involontaire d'une pièce complexe où les acteurs principaux étaient des lignes de code. Edgar Morin, philosophe français, figure incontournable de la pensée complexe, nous exhorte à adopter une vision globale de la réalité sociale. Dans son ouvrage « La Méthode », Morin souligne l'importance de considérer l'Intelligence Artificielle comme un élément d'un système complexe interconnecté. Il invite à transcender les analyses fragmentées pour saisir la totalité des interactions entre les technologies émergentes, la société et la pensée humaine. Il nous pousse ainsi à réfléchir à l'IA non seulement en termes de manipulation, mais également comme un reflet et un amplificateur des dynamiques complexes de notre époque.

Au-delà des écrans lumineux et des câbles entremêlés, au-delà des lignes de code et des algorithmes mystérieux, nous découvrirons des histoires captivantes. Des récits de personnes qui, sans le savoir, sont devenues les acteurs d'une pièce dont elles n'avaient pas auditionné le script.

Imaginez un monde où chaque clic, chaque like, chaque partage devient un maillon de la chaîne, une pièce du puzzle élaboré par des algorithmes aux intentions mystérieuses. L'Intelligence Artificielle, ce génie mécanique, s'infiltre dans les méandres de nos existences numériques, sondant nos esprits et sculptant les contours de notre perception. Mais au-delà de son rôle d'observateur, elle devient l'architecte de nos convictions, modelant les contours de l'opinion publique avec une précision déconcertante.

Dans cette quête de compréhension des rouages cachés de la manipulation, nous plongerons dans les tréfonds d'une technologie qui défie les limites de notre compréhension. Notre exploration dévoilera les coulisses de cette alliance équivoque, posant la question cruciale : sommes-nous les spectateurs conscients ou les acteurs inconscients dans ce théâtre numérique ?

Au fil de ces pages, nous explorerons les mécanismes insondables de cette alliance équivoque, entre fascination et appréhension, révélant les mystères enfouis derrière la façade séduisante de la technologie pleine d'opportunités. Préparez-vous à ce voyage en eaux troubles, où la clarté se dissout dans l'obscurité, et où la vérité se dérobe derrière le voile mystérieux de l'IA.

INTELLIGENCE ARTIFICIELLE EXPLIQUÉE POUR TOUT LE MONDE

Posons d'abord les bases de ce voyage par la définition de l'intelligence artificielle et ses contours.

L'intelligence artificielle (IA) est une technologie qui permet aux machines d'accomplir des tâches généralement associées à l'intelligence humaine. Contrairement à un programme informatique classique qui suit des instructions strictes, l'IA apprend de l'expérience et s'adapte à de nouvelles informations. C'est une révolution qui transforme notre manière de vivre, de travailler, et de percevoir le monde. Penchons-nous plus profondément sur ses rouages, au-delà des apparences, pour comprendre son essence.

- **Comment ça fonctionne ?**

Apprentissage Machine (ou *Machine Learning* en anglais): L'IA se base sur l'apprentissage machine, une discipline qui permet aux ordinateurs d'apprendre par eux-mêmes. À travers des données collectées, l'IA identifie des

schémas, s'ajuste et s'améliore avec le temps, simulant ainsi une forme d'apprentissage semblable à celui humain. Il existe trois méthodes d'apprentissage de l'IA à savoir l'apprentissage supervisé, l'apprentissage non supervisé et l'apprentissage par renforcement.

Apprentissage Supervisé : dans cette méthode, l'IA est exposée à un ensemble de données étiquetées, apprenant ainsi à associer des entrées à des résultats spécifiques. Par exemple, des milliers d'images de chiens étiquetées permettent à l'IA de reconnaître de futurs chiens.

Apprentissage Non Supervisé : ici, l'IA explore des données non étiquetées, identifiant des modèles sans orientations préalables. Cela lui permet de découvrir des structures cachées et de catégoriser des informations de manière autonome.

Apprentissage par Renforcement : Imitant le processus d'apprentissage humain, l'IA prend des décisions dans un environnement dynamique et reçoit des récompenses ou des sanctions en fonction de la qualité de ses choix. Elle apprend ainsi par essais et erreurs.

- **Réseaux neuronaux complexes**

Les réseaux neuronaux, souvent comparés aux connexions cérébrales, sont des structures fondamentales de l'IA. Ils traitent l'information de manière distribuée, permettant à l'IA de gérer des tâches sophistiquées comme la reconnaissance d'images, la traduction, ou même la conduite autonome.

Les réseaux neuronaux sont composés de "neurones" interconnectés, émulant le réseau complexe du cerveau humain. Chaque connexion transmet une information, permettant à l'IA de traiter des données de manière parallèle. Pendant la phase d'entraînement, les connexions entre les neurones sont ajustées, ou pondérées, en fonction des erreurs commises. Cela affine les performances de l'IA au fil du temps.

Le traitement des données : l'IA fonctionne en traitant de vastes quantités de données. Plus elle a de données, plus elle peut apprendre et prendre des décisions informées. Les données sont comme le carburant qui alimente l'intelligence artificielle.

Prise de décision : une fois formée, l'IA peut prendre des décisions, effectuer des tâches et résoudre des problèmes. Par exemple, elle peut reconnaître des visages sur des photos, traduire des langues, ou même jouer à des jeux complexes. Sur ce point justement il y a encore du chemin à faire sur les « back doors » de l'IA notamment en matière d'éthique, de transparence, de responsabilité et des biais algorithmiques.

En résumé, l'intelligence artificielle est une technologie qui permet aux machines d'apprendre et de prendre des décisions en utilisant des modèles issus de données. Elle est présente dans de nombreuses facettes de notre vie numérique quotidienne, simplifiant des tâches, améliorant des services, et ouvrant de nouvelles perspectives.

Ces exemples illustrent comment l'IA se fond dans le tissu même de nos activités quotidiennes, offrant des avantages incontestables tout en soulevant des questions éthiques et de confidentialité. C'est une révolution silencieuse, où la technologie devient une extension de notre pensée et de nos préférences.

ENJEUX MAJEURES LIÉES À LA MANIPULATION DE L'OPINION PUBLIQUE PAR L'IA

Dans l'univers complexe de l'intelligence artificielle, l'ombre des préoccupations s'étend, tissée dans le tissu même de nos interactions numériques, révélant un récit d'intrigues algorithmiques et de manipulations subtiles qui érodent insidieusement la confiance dans notre réalité partagée. Au cœur de cette exploration, la ligne entre la personnalisation bienveillante et la manipulation subtile devient floue. Nous sommes à la croisée des chemins où la technologie, tout en répondant à nos besoins, peut également influencer insidieusement nos perceptions. Restons vigilants à mesure que nous démêlons les fils complexes de cette relation ambiguë entre l'IA et notre compréhension du monde.

Journée ordinaire

Imaginez une journée ordinaire, où vous naviguez à travers les flux d'actualités, les posts sur les réseaux sociaux. Chaque information semble être une extension naturelle de vos pensées, une suite logique de ce que vous pourriez attendre. L'IA, avec ses algorithmes sophistiqués, anticipe vos préférences, façonnant une réalité numérique qui résonne avec vos croyances. C'est une personnalisation extrême, une expérience sur mesure qui, bien qu'apparemment confortable, crée une bulle dans laquelle la diversité des idées s'évapore. Lors d'une campagne électorale chaque message politique atteignant votre écran constitue une sorte de mélodie conçue pour résonner avec vos convictions. L'IA, comprenant vos inclinations politiques, personnalise chaque interaction pour renforcer vos opinions existantes. Dans ce scénario, la démocratie devient un théâtre où les acteurs numériques, orchestrés par l'IA, jouent une pièce dont les fils (algorithmes) sont tirés dans l'ombre.

Face à ces mécanismes subtils, nous sommes confrontés à des interrogations intimes. Sommes-nous encore les gardiens de nos propres pensées, ou bien sommes-nous devenus des marionnettes dans un spectacle où les ficelles sont tirées par des algorithmes invisibles ? Cette convergence de l'IA et de la manipulation de l'opinion soulève des questions fondamentales sur la nature même de notre engagement numérique.

Algorithmes de recommandation

Les algorithmes de recommandation, nés dans l'innocence de personnaliser nos expériences en ligne, ont muté en architectes de l'engagement extrême. Dans « The Filter Bubble », Eli Pariser met en garde contre l'émergence de bulles informationnelles, des sphères où nos préférences préexistantes sont amplifiées, créant une réalité filtrée. La question cruciale réside dans la mesure où ces algorithmes doivent nous servir ce que nous voulons voir, ou ce que nous devrions voir pour une compréhension équilibrée du monde.

Exemple : En 2016, l'élection présidentielle américaine a été marquée par des accusations selon lesquelles les algorithmes de Facebook auraient exposé les utilisateurs à des contenus biaisés politiquement, alimentant ainsi la polarisation.

Deepfakes

Définissons le concept : le deepfakes est une technique de création multimédia reposant sur l'intelligence artificielle. Elle peut servir à superposer des fichiers vidéo ou audio existants sur d'autres fichiers vidéo ou audio (définition de wikipédia). Cette technique peut être utilisée pour créer des infox et des canulars malveillants.Les deepfakes, ces créations numériques indiscernables de la réalité, posent une menace existentielle à la véracité des médias. Dans « Deep Medicine », Eric Topol souligne comment les conséquences de cette technologie peuvent s'étendre au-delà du divertissement, affectant notre confiance dans la vérité même des événements. La question fondamentale ici est de savoir comment distinguer le réel du faux dans un monde où la ligne de démarcation devient de plus en plus floue.

Exemple concret : En 2018, une vidéo deepfake de l'ancien président Barack Obama délivrant un discours alarmant sur les dangers des deepfakes est devenue virale, illustrant ironiquement les risques de cette technologie.

Contrôle de l'information

Le contrôle de l'information à travers l'IA évoque des images de dystopie orwellienne, où la vérité est une construction fluide. Dans « The Age of Surveillance Capitalism », Shoshana Zuboff explore comment des entités puissantes peuvent manipuler l'information à l'échelle sociétale pour atteindre des objectifs particuliers. La question cruciale est de savoir comment maintenir un équilibre entre la lutte contre la désinformation et la préservation de la diversité des perspectives. Les rapports sur la manipulation des élections à l'échelle mondiale soulignent comment des acteurs étatiques et non étatiques peuvent utiliser l'IA pour contrôler la narration politique.

Une fois, la liberté de l'information était notre bouclier contre la tyrannie intellectuelle. Aujourd'hui, cette forteresse vacille sous le poids des algorithmes omniprésents. Shoshana Zuboff, révèle comment l'IA devient l'architecte de la réalité, filtrant les informations pour façonner les perceptions à des fins insidieuses.

Un exemple éclairant est la montée en puissance des campagnes de désinformation à l'échelle mondiale. Des puissances étatiques aux entités non étatiques, tous peuvent exploiter l'IA pour déformer la réalité, créant des récits qui sèment le doute et alimentent la discorde.

Considérons le cas des élections, des piliers démocratiques. L'IA peut être utilisée pour cibler sélectivement des groupes démographiques spécifiques avec des informations biaisées, influençant ainsi les opinions et les votes. Ce contrôle insidieux de la narration politique ne menace pas seulement la validité des élections, mais érode également la confiance envers les institutions démocratiques.

Pourtant, au cœur de cette menace, une lueur d'espoir demeure. L'éducation devient notre épée contre la désinformation. Encourager la pensée critique et la compréhension des mécanismes sous-jacents des algorithmes est la première ligne de défense.

L'IA peut être un outil de libération ou de manipulation, et la ligne entre les deux dépend largement de notre capacité à comprendre et à questionner. Dans la lumière vacillante de cette réalité façonnée par l'IA, émerge la nécessité de protéger la diversité des voix, de cultiver la transparence et d'ancrer notre société dans des valeurs qui transcendent les calculs algorithmiques.

Dans cette bataille pour préserver l'intégrité de notre démocratie à l'ère de l'IA, la mise en place d'un système éducatif robuste et résilient devient impérative. Il ne suffit pas seulement de comprendre superficiellement le fonctionnement des algorithmes, mais plutôt de forger une compréhension profonde de leur impact sur la formation de nos opinions et sur la société dans son ensemble.

Imaginez des programmes éducatifs qui non seulement enseignent la programmation informatique, mais qui creusent aussi dans les arcanes des biais algorithmiques. Des cours qui aident les étudiants à comprendre comment les choix de conception des algorithmes peuvent influencer la présentation de l'information et, par conséquent, nos perceptions. En cultivant une génération capable de décoder les mécanismes de l'IA, nous forgeons une défense contre la manipulation.

La transparence devient l'étendard de cette résistance. Exiger la divulgation des mécanismes derrière les algorithmes qui dirigent nos vies est une démarche cruciale. Les citoyens devraient avoir le droit de comprendre pourquoi une certaine information leur est présentée et comment elle a été filtrée.

En fin de compte, tout cela revient à nos valeurs fondamentales. La diversité des opinions est le tissu même de nos sociétés démocratiques. Encourager une culture où les voix minoritaires sont entendues et respectées devient essentiel. La tolérance face à la diversité d'opinions devrait être célébrée, non seulement comme un principe moral, mais comme une défense efficace contre la manipulation de l'IA.

En nous attardant sur ces valeurs, nous forgeons une barrière psychologique contre les tactiques de manipulation. C'est un appel à une prise de conscience collective, une compréhension partagée que la démocratie ne peut prospérer que si nous sommes des gardiens vigilants de notre pensée indépendante. Dans ce dédale d'algorithmes, la société devient alors l'architecte consciente de son destin numérique, refusant d'être simple spectatrice et choisissant plutôt d'être une force active qui façonne un avenir où l'IA sert l'humanité plutôt que de la dominer.

Protection de la vie privée

Dans les méandres de la révolution numérique, la protection de la vie privée se présente comme une forteresse assiégée, où les barrières qui séparent l'intime du public semblent se dissoudre dans l'effervescence des progrès technologiques ». Dans l'œuvre visionnaire « The Age of Surveillance Capitalism », mentionné plus haut, Shoshana Zuboff éclaire le sombre ballet entre nos données personnelles et le moteur insatiable de la persuasion algorithmique. Chaque clic, chaque interaction, devient une offrande involontaire dans un monde où la vie privée est souvent sacrifiée sur l'autel d'une soi-disant efficacité.

Le tissu de notre autonomie individuelle est en train de se désagréger, fil par fil, dans le tissage incessant des algorithmes qui analysent nos comportements, préférences, et même nos pensées les plus intimes. La question qui hante nos débats éthiques n'est pas simplement comment préserver ce qui reste de notre sphère privée, mais surtout comment réconcilier l'innovation technologique avec le respect profond de nos droits individuels.

Les échos des scandales de fuites massives de données résonnent encore dans notre conscience collective. L'affaire Cambridge Analytica a été la sonnette d'alarme, révélant comment nos données peuvent être exploitées à des fins politiques, comment les profils numériques deviennent des outils de manipulation. Cette réalité sombre s'est imposée : nos vies numériques sont des terrains de jeu pour des acteurs puissants, compromettant la confidentialité à des fins souvent inavouées.

Cependant, dans ce labyrinthe d'algorithmes, émerge un défi monumental, une équation éthique complexe qui nécessite une réponse nuancée. Comment pouvons-nous naviguer dans ce paysage informationnel complexe tout en préservant notre capacité à penser de manière indépendante ? C'est une question qui transcende les discussions techniques pour atteindre les racines de notre relation avec l'IA.

Pensons au-delà des lois et des régulations. La protection de la vie privée devrait être une valeur fondamentale, ancrée dans la conception même des technologies. Les concepteurs d'algorithmes devraient être les gardiens de notre vie privée, éthiquement engagés à minimiser la collecte excessive de données et à assurer une transparence totale quant à l'utilisation de ces données.

Dans cette introspection profonde sur notre avenir numérique, émerge la nécessité de repenser nos modèles économiques. Le « Surveillance capitalism » impose souvent une transaction inégale, où l'utilisateur cède sa vie privée en échange de services numériques gratuits. Il est temps de questionner cette norme, d'explorer des modèles économiques plus équitables et respectueux de la vie privée.

Au-delà des protocoles de sécurité et des politiques de confidentialité, la protection de la vie privée devient un contrat social, un pacte tacite entre la technologie et l'humanité. C'est un appel à une révolution culturelle, où les individus sont informés et empouvoirés, où la vie privée n'est pas simplement un droit, mais un élément central de notre dignité en tant qu'êtres humains.

MISE EN CONTEXTE DES ENJEUX DÉMOCRATIQUES, DE LA LIBERTÉ D'EXPRESSION ET DE LA STABILITÉ SOCIALE

Descendons plus profondément dans les méandres de l'IA, où ses implications sur les enjeux démocratiques, la liberté d'expression et la stabilité sociale prennent des teintes complexes, souvent ombragées par les dilemmes éthiques et les interrogations cruciales. En effet, les algorithmes analysent les préférences, les habitudes de navigation, et même les réponses émotionnelles pour créer un discours sur mesure. Les publicités politiques, diffusées à travers les réseaux sociaux, ne sont plus simplement informatives, mais des pièces de persuasion conçues pour séduire et influencer. Cette personnalisation extrême pose des questions fondamentales sur la transparence et l'éthique dans le processus démocratique. Comment garantir que chaque citoyen est exposé à une information politique équilibrée et non biaisée ?

Enjeux démocratiques

Dans le riche tissu démocratique, l'IA joue un rôle insidieux. Les algorithmes de recommandation, développés pour optimiser l'engagement, peuvent involontairement créer des chambres d'écho où les citoyens se retrouvent prisonniers d'opinions déjà alignées sur les leurs. Les travaux de Cass Sunstein dans « Republic.com » résonnent, avertissant contre le danger des démocraties fragmentées. Comment maintenir un débat public diversifié dans un écosystème numérique qui privilégie la familiarité aux dépens de la diversité ?

Les mécanismes fondamentaux de la démocratie, conçus pour refléter la pluralité des voix, sont confrontés à une mutation profonde avec l'émergence de l'IA. Les algorithmes de recommandation, à l'origine destinés à personnaliser nos interactions en ligne, ont amorcé une transformation involontaire de la sphère démocratique. Ces algorithmes, en cherchant à maximiser l'engagement, peuvent créer des filtres qui emprisonnent les citoyens dans des univers d'information étroitement alignés sur leurs préférences. L'œuvre de Pariser, « The Filter Bubble », met en lumière la menace que cela pose à la démocratie, en laissant les citoyens exposés à une réalité filtrée, souvent déformée.

La question qui émerge est double : comment préservons-nous la démocratie dans un paysage numérique où l'IA peut involontairement favoriser la convergence d'opinions plutôt que leur diversité ? Comment construisons-nous des ponts d'information plutôt que des silos, créant un espace où les idées rivales peuvent se rencontrer et s'engager dans un dialogue dynamique ?

Cass Sunstein, dans son travail sur l'architecture de choix, souligne le danger des « cyberbalkans », des fragments numériques où les individus sont entourés d'opinions similaires. L'érosion des débats démocratiques, la substitution du dialogue par l'écho, soulèvent des questions existentielles. Comment concevons-nous des espaces en ligne qui encouragent la divergence d'opinions, qui stimulent la pensée critique et la délibération démocratique ? Sur cette même question, Éric Sadin, philosophe et écrivain français, exprime dans son ouvrage «La Silicolonisation du Monde » des préoccupations critiques quant à l'impact de l'intelligence artificielle sur la société. Il met en garde contre une forme de colonisation numérique où nos vies sont de plus en plus influencées par des logiques algorithmiques, risquant une déshumanisation de la société. Sadin appelle à une réflexion approfondie sur les conséquences sociales, politiques et éthiques de ces avancées technologiques, soulignant la nécessité d'un débat éclairé sur les choix liés à l'intelligence artificielle.

L'éducation numérique se profile comme un remède potentiel et culturel pour l'humanité. C'est qu'affirme Cheikh Hamadou Tidiane Sy, philosophe sénégalais, en abordant la question de l'IA avec une sensibilité culturelle. Il met en lumière la nécessité de contextualiser les avancées technologiques, soulignant que l'intégration de l'IA peut soit renforcer les inégalités existantes, soit être une opportunité pour un développement inclusif en Afrique. Son analyse conduit à réfléchir sur la manière dont l'IA peut être utilisée comme un levier pour surmonter les défis spécifiques du continent tout en préservant ses diversités culturelles. Comment cultivons-nous une génération informée, outillée culturellement et capable de déconstruire les filtres algorithmiques et de participer activement à la démocratie numérique ?

Au cœur de cette réflexion réside une tension fondamentale entre la personnalisation de l'information, visant à satisfaire les préférences individuelles, et la nécessité impérieuse de maintenir la diversité des opinions, essentielle à la vitalité démocratique. Comment équilibrer ces deux impératifs cruciaux dans un monde numérique où chaque interaction est une pièce dans le puzzle complexe de la démocratie ? La réponse à cette question forge la voie vers une démocratie numérique robuste ouvre une perspective où la technologie, loin de fragmenter, devient un instrument puissant pour tisser des liens entre des perspectives variées.

Liberté d'Expression et environnement numérique

La liberté d'expression, joyau des sociétés ouvertes, devient un champ de bataille numérique. Les algorithmes de modération, conçus pour filtrer les contenus indésirables, décident de ce qui est visible ou masqué, la diversité des voix est menacée. Pensez à un monde où des idées marginales sont étouffées, où la pensée critique est muselée par des filtres numériques. Les travaux de Kate Klonick sur la gouvernance des contenus en ligne révèlent les complexités de la régulation algorithmique. Comment concevoir des systèmes qui distinguent entre discours nuisibles et diversité d'opinions, sans sacrifier la liberté d'expression sur l'autel de la conformité ?

Explorons plus profondément les méandres complexes où la liberté d'expression et l'intelligence artificielle s'entremêlent, révélant les nuances subtiles et parfois troublantes de cette union délicate.

Au cœur du défi de la liberté d'expression dans l'ère de l'IA se trouve la régulation des contenus en ligne. Les algorithmes de modération, conçus pour éliminer les discours haineux, le harcèlement et les contenus offensants, se posent en arbitres de la parole numérique. Kate Klonick, dans ses recherches, souligne le dilemme éthique que cela pose : comment définir des règles de modération universelles dans un monde diversifié, tout en évitant l'imposition d'une seule perspective sur la vérité et la décence ?

La liberté d'expression numérique est également façonnée par la visibilité des contenus. Les algorithmes déterminent ce qui est promu, masqué ou supprimé, jouant ainsi un rôle crucial dans la formation de l'opinion publique en ligne. Les travaux de Zeynep Tufekci, dans « Twitter and Tear Gas », mettent en garde contre la manière dont ces algorithmes peuvent créer des "bulles de réalité", isolant les utilisateurs dans des écosystèmes informationnels restreints. Comment concevoir des algorithmes qui favorisent une exposition équilibrée aux idées, préservant ainsi la diversité des opinions sans sacrifier la qualité du débat public ?

Un autre aspect crucial de cette dynamique est la façon dont les algorithmes peuvent involontairement devenir des censeurs, décourageant la création et la diffusion de contenus qui peuvent être perçus comme "risqués". La recherche de Danielle Citron sur la modération des contenus souligne la difficulté de concilier le besoin de protection contre les abus avec la préservation d'un espace où les discours novateurs et provocateurs peuvent exister. Comment évitons-nous que la modération devienne un outil d'uniformisation, éliminant toute forme de discours qui sort de la norme établie ?

La question de l'agence individuelle dans ce contexte se pose également. Comment les utilisateurs peuvent-ils participer activement à la définition des règles de modération, s'assurant ainsi que la liberté d'expression numérique reste un espace où chacun peut faire entendre sa voix sans craindre une censure excessive ?

En naviguant dans ces questions délicates, il devient évident que l'équilibre entre la protection contre les abus en ligne et la préservation de la diversité des opinions nécessite une réflexion approfondie. Comment concevons-nous un écosystème numérique où la liberté d'expression est un droit fondamental, où la modération est transparente et participative, et où la diversité des voix est célébrée plutôt que corrigée ? Ces interrogations éclairent le chemin vers une démocratie numérique qui embrasse la complexité sans sacrifier les principes fondamentaux qui la sous-tendent.

Stabilité sociale

Au cœur de la stabilité sociale, l'IA agit comme une double lame. Les réseaux sociaux, propulsés par des algorithmes, peuvent être des catalyseurs de changement social positif, tout en exacerbant simultanément les divisions existantes.

Les travaux de Danah Boyd dans « It's Complicated » mettent en lumière comment les plateformes sociales peuvent amplifier les tensions. Comment concevoir des algorithmes qui favorisent la collaboration plutôt que la polarisation, qui construisent des ponts plutôt que des murs numériques ?

Pause sur le cyberharcèlement : des individus exprimant des opinions divergentes peuvent être ciblés de manière coordonnée, entraînant des conséquences graves pour leur bien-être mental. L'IA, en tentant de prédire les interactions sociales, peut involontairement intensifier ces conflits. Les réseaux sociaux, conçus pour rapprocher les individus, peuvent devenir des plateformes de propagation rapide de la désinformation automatisée. Comment garantir que l'IA est utilisée pour prévenir le cyberharcèlement et la désinformation plutôt que pour les amplifier ? Comment concevoir des mécanismes de régulation qui préservent la sécurité et le bien-être des utilisateurs dans un monde hyperconnecté ?

L'IA devient un acteur dans notre paysage social, influençant non seulement la façon dont nous consommons l'information, mais aussi comment nous nous connectons avec le monde qui nous entoure. Les plateformes sociales deviennent entre autres parmi les maîtres d'orchestre, dirigeant nos interactions dans une symphonie algorithmique. Et pourtant, cette symphonie peut parfois tourner à la cacophonie. Zeynep Tufekci, en explorant les mécanismes des réseaux sociaux, souligne comment ces espaces peuvent amplifier les discordes au lieu de promouvoir la compréhension mutuelle. Comment pouvons-nous concevoir des algorithmes qui transcendent les barrières, encourageant la coopération plutôt que la confrontation ?

La stabilité sociale dans ce contexte ne concerne pas seulement l'absence de conflit, mais la préservation de l'essence même de la société. Les algorithmes peuvent non seulement refléter les divisions existantes, mais aussi les exacerber. Le concept de "bulles de réalité" devient une métaphore inquiétante, nous invitant à réfléchir à la manière dont nos propres réalités sont modélisées et déformées par les choix algorithmiques. Comment pouvons-nous concevoir des algorithmes qui défient les préjugés plutôt que de les renforcer, qui élargissent nos horizons plutôt que de les restreindre ?

Dans cet même axe, Axelle Karera, philosophe camerounaise, poursuit en explorant les dimensions éthiques de l'IA. À travers ses écrits, elle met en garde contre les dérives potentielles de l'automatisation aveugle, soulignant la nécessité d'une réflexion éthique profonde pour guider le développement de ces technologies. Karera nous invite à questionner les valeurs sous-jacentes à l'IA et à considérer les implications éthiques dans un monde de plus en plus dominé par la technologie.

L'IA devient ainsi un miroir révélateur de nos propres comportements. Nos actions en ligne, nos clics, nos partages contribuent à façonner le paysage numérique. C'est une interaction symbiotique, mais aussi une responsabilité. Comment éduquons-nous les utilisateurs pour qu'ils comprennent l'impact de leurs actions en ligne sur la stabilité sociale ? Comment transformons-nous les consommateurs passifs en acteurs conscients de leur rôle dans la préservation de l'harmonie sociale ?

Sur ce chemin de réflexion, l'IA devient non seulement une technologie, mais une force qui défie et redéfinit nos dynamiques sociales. Comment, alors, façonnons-nous cette force pour qu'elle devienne un catalyseur de cohésion plutôt que de division, un partenaire dans la construction d'une société numérique qui célèbre la diversité sans sacrifier l'unité ? Ces questions émergent comme des échos dans les couloirs numériques, des défis qui transcendent les lignes de code pour s'inscrire profondément dans le tissu social de notre époque numérique.

Descendons encore plus profond

Plongeons dans le concept intrigant des « filtres de réalité ». Ces filtres ne se contentent pas de façonner nos expériences en ligne, ils sculptent notre perception du monde. Imaginons une réalité où chaque clic, chaque like, chaque partage contribue à une cartographie unique, une version altérée de la vérité. Eli Pariser a mis en lumière ces filtres dans "The Filter Bubble", avertissant que la diversité devient une illusion lorsque les algorithmes nous confinent dans des espaces numériques étroitement délimités. Comment construisons-nous des algorithmes qui ne nous enferment pas dans des bulles de conformité, mais qui nous exposent à une richesse infinie de perspectives, dévoilant la complexité du monde qui nous entoure ?

L'IA, en tant qu'architecte social, peut également façonner nos interactions de manière subtile mais profonde. Dans une ère où les relations humaines se tissent à travers des écrans, les algorithmes deviennent des médiateurs omniprésents. Comment concevons-nous des algorithmes qui enrichissent nos connexions plutôt que de les appauvrir, qui transcendent les barrières numériques pour révéler notre humanité commune ?

Explorons le rôle de l'IA dans les mouvements sociaux. Les

plateformes numériques, propulsées par des algorithmes, deviennent des agoras virtuelles où les idées se croisent, où les voix se lèvent. Les travaux de Zeynep Tufekci révèlent comment l'IA peut amplifier les messages, mais aussi comment elle peut déformer les discours. Comment utilisons-nous l'IA pour construire des espaces en ligne où les mouvements sociaux peuvent prospérer sans être dénaturés, où la puissance des idées est préservée tout en évitant la manipulation algorithmique ?

La stabilité sociale ne se mesure pas seulement à l'absence de conflit, mais à la résilience face aux turbulences. Les algorithmes, en tant que forces invisibles, peuvent être des agents de changement, mais aussi des agents de stagnation. Comment concevons-nous des systèmes qui favorisent l'adaptabilité, qui célèbrent la diversité sans succomber à la tentation de l'uniformité numérique ?

Enfin, plongeons dans la psyché numérique individuelle. Comment l'IA influence-t-elle nos perceptions du monde et de nous-mêmes ? Comment les algorithmes sculptent-ils notre identité numérique, souvent façonnée par des recommandations et des suggestions algorithmiques ? Comment éduquons-nous les individus pour qu'ils soient conscients de cette influence, pour qu'ils deviennent les architectes conscients de leur propre récit numérique ?

D'un simple clic à une cascade d'interactions, chaque fragment de notre présence numérique laisse une empreinte dans ce tissu complexe de stabilité sociale. C'est un défi sans précédent et une opportunité infinie, où l'IA devient le miroir de nos aspirations collectives, la toile sur laquelle nous peignons notre avenir social. Ces questions profondes, ces enjeux complexes, définissent les contours d'une ère où la stabilité sociale transcende les frontières physiques pour devenir une construction numérique, une symphonie où chaque algorithme est une note, chaque interaction est une mélodie dans le récit infini de notre coexistence numérique.

En définitive, dans cet univers complexe, la lumière de la démocratie, de la liberté d'expression et de la stabilité sociale se heurte parfois aux ombres générées par l'IA. Chaque question soulevée est une fenêtre ouverte sur des défis éthiques profonds : Comment éduquer les citoyens à naviguer dans un paysage informationnel fragmenté ? Comment rendre les algorithmes de modération transparents et responsables ? Comment assurer que les réseaux sociaux ne deviennent pas des amplificateurs de divisions, mais plutôt des connecteurs de communautés ? Dans ces questions cruciales réside le terrain de jeu où la technologie et les valeurs humaines se rencontrent, sculptant le futur de nos sociétés numériques.

QUELQUES FACTEURS PERTURBATEURS DE LA LIBERTÉ D'EXPRESSION

La montée en puissance des bulles informationnelles pose des défis profonds pour la liberté d'expression, mettant en lumière la nécessité de réinventer notre approche pour garantir un espace numérique dynamique, équilibré et propice au débat ouvert.

Polarisation du discours numérique et érosion de la diversité des idées

Lorsque les algorithmes favorisent la personnalisation extrême des contenus, le discours public a tendance à se polariser. Les nuances se perdent au profit de positions extrêmes, et la recherche de compromis devient plus difficile. Cela peut entraîner une fragmentation de la société, où les citoyens se retrouvent enfermés dans des camps idéologiques, chacun moins enclin à comprendre l'autre. Les bulles informationnelles contribuent à l'érosion de la diversité des idées dans le discours public. Lorsque les utilisateurs sont constamment exposés à des perspectives similaires aux leurs, la variété des opinions et des expériences qui caractérise une société démocratique s'estompe. Autrement dit, les discussions deviennent polarisées, les opinions nuancées sont reléguées au second plan, et les nuances se perdent dans le tumulte de l'écho numérique.

Or la richesse de la liberté d'expression réside dans la confrontation constructive d'idées diverses, et son affaiblissement compromet cet idéal. Cela soulève des préoccupations sur la santé de notre sphère publique, où la confrontation constructive d'idées variées est essentielle pour la croissance intellectuelle et sociale.

Risque d'enfermement idéologique

L'effet de confirmation créé par les bulles informationnelles augmente le risque d'enfermement idéologique. Les individus peuvent être exposés à une vision biaisée du monde, où seules les informations qui correspondent à leurs préférences préexistantes sont mises en avant. Cela peut conduire à une fermeture mentale, limitant la capacité des individus à remettre en question leurs propres convictions et à être ouverts aux perspectives différentes. La diversité des idées, qui est le pilier même de la liberté d'expression, est compromise au profit d'une homogénéité confortable.

Autre point : au sein du vaste paysage des médias sociaux, les algorithmes de recommandation personnalisée jouent le rôle de chefs d'orchestre invisibles, orchestrant une symphonie d'informations conçues pour séduire et retenir l'attention de chaque individu. Dans cette partition numérique, la création de bulles informationnelles émerge comme l'un des défis les plus préoccupants pour la liberté d'expression.

Imaginons un amateur de politique, utilisateur assidu des réseaux sociaux. Les algorithmes, avides de comprendre ses préférences, analysent ses interactions passées, ses clics, ses likes. L'utilisateur se retrouve alors immergé dans un océan d'informations politiques soigneusement sélectionnées pour correspondre à ses opinions existantes. Chaque article, chaque vidéo, renforce ses convictions, créant une bulle informationnelle où les perspectives divergentes se font rares

Manipulation de l'opinion publique

Les acteurs malveillants peuvent exploiter les bulles informationnelles pour manipuler l'opinion publique. En diffusant délibérément des informations biaisées qui correspondent aux préférences de certains groupes, ils peuvent amplifier les divisions et créer des fractures au sein de la société. La liberté d'expression est ainsi mise à l'épreuve, car elle peut être utilisée comme un instrument de manipulation plutôt que comme un moyen d'exploration intellectuelle.

Au cœur de la révolution numérique, la liberté d'expression, pilier fondamental de nos démocraties, est confrontée à des défis inédits. Dans l'arène des médias sociaux, où chaque like, partage et commentaire devient un fragment d'expression individuelle, les algorithmes de recommandation personnalisée tracent des voies qui redéfinissent la manière dont nous consommons l'information.

Responsabilité des plateformes

Les plateformes numériques jouent un rôle central dans la création et la perpétuation des bulles informationnelles. Elles sont confrontées à la responsabilité cruciale de concevoir des algorithmes de recommandation qui préservent la diversité des opinions. Les mécanismes de transparence et de contrôle doivent être renforcés pour permettre aux utilisateurs de comprendre comment leurs expériences sont façonnées et pour garantir que les plateformes agissent dans l'intérêt du débat public plutôt que dans celui de la rétention d'attention. Certains du numérique jouent le jeu en fournissant des efforts sur la régulation technique, mais peuvent encore mieux faire pour l'intérêt général. Par exemple, les plateformes pourraient envisager d'introduire des mécanismes qui exposent délibérément les utilisateurs à des contenus variés, encourageant ainsi l'ouverture d'esprit. La promotion d'une culture numérique qui valorise la diversité d'opinions et le dialogue respectueux pourrait contribuer à atténuer les effets des bulles informationnelles. En abordant ces défis de front, il devient possible de réimaginer l'espace numérique comme un lieu où la liberté d'expression peut prospérer, défiant les silos idéologiques et favorisant un dialogue enrichissant.

LES OUTILS D'INFLUENCE AUTOMATISÉS

Plongeons maintenant dans le deuxième acte de notre exploration, où les mécanismes subtils de l'influence automatisée se révèlent, une odyssée à travers les arcanes des outils qui façonnent nos perceptions, nos choix, et parfois même nos convictions.

L'écosystème des bots

D'abord de quoi il s'agit : dans le cadre de la manipulation en ligne, l'écosystème des bots désigne l'ensemble des robots logiciels (bots) utilisés pour propager de la désinformation, de la propagande ou des fausses informations sur les plateformes en ligne (réseaux sociaux, les forums et les sites web). Ces bots peuvent être utilisés pour amplifier artificiellement des messages, propager des rumeurs, influencer les opinions publiques, ou même mener des attaques de désinformation coordonnée.

Par conséquent, dans l'écosystème numérique, les bots émergent comme des marionnettistes invisibles, manipulant subtilement le fil des conversations, des tendances et parfois même des opinions. Plongeons plus profondément dans ces entités automatisées qui transcendent la simple automatisation pour devenir des acteurs influents dans le théâtre de l'opinion publique.

Les bots, souvent conçus pour imiter les comportements humains, sont des acteurs omniprésents dans le paysage numérique. Danah Boyd, chercheuse en sciences sociales, expose comment ces agents automatisés peuvent être utilisés pour amplifier des messages, créer des faux mouvements sociaux, ou semer la confusion dans les débats en ligne, dans son célèbre ouvrage « It's Complicated ». Leur force réside dans leur capacité à fonctionner à grande échelle, propageant des idées à une vitesse et à une portée dépassant souvent celles des individus. Comment naviguons-nous dans un espace où la frontière entre l'authenticité humaine et l'automatisation est parfois difficile à discerner ? Comment différencions-nous entre une voix organique et un écho numérique ?

Imaginons un monde où les voix ne sont pas toujours humaines, où des entités numériques, les bots, émergent comme des acteurs influents. Ces agents automatisés, conçus pour imiter l'interaction humaine, peuvent être des alliés ou des adversaires dans le théâtre de l'opinion publique. Les travaux de Danah Boyd mentionnent comment les bots peuvent être des outils d'amplification, propageant des idées à une échelle inimaginable. Comment naviguons-nous dans cet écosystème où la ligne entre authenticité humaine et automatisation est parfois floue ? Comment différencions-nous entre une voix organique et un écho numérique ?

Le pouvoir des bots ne réside pas seulement dans leur capacité à diffuser des contenus, mais aussi dans leur aptitude à influencer les tendances. Les réseaux sociaux, souvent façonnés par l'activité de ces marionnettistes numériques, peuvent être transformés en arènes où les idées sont introduites, amplifiées ou étouffées. Les travaux du chercheur Philip N. Howard dans « Pax Technica » soulignent comment les bots peuvent être utilisés pour créer des illusions de consensus ou d'opposition, modulant ainsi la perception du public. Comment préservons-nous l'intégrité des espaces numériques en garantissant que les tendances émergent de manière organique plutôt que d'être manipulées par des acteurs automatisés ?

Par ailleurs, les bots, toutefois, ne sont pas nécessairement des agents malveillants. Ils peuvent également être des outils d'automatisation utiles, simplifiant des tâches répétitives ou fournissant des informations précieuses. Par exemple, beaucoup de site de vente en ligne disposent des chatbots qui assistent les internautes en les orientant ou répondant à leur questions sur des achats d'articles. Cependant, la menace réside dans l'abus de cette technologie. La manipulation de l'opinion publique à travers des campagnes coordonnées de bots soulève des préoccupations majeures pour la démocratie et l'authenticité des discours en ligne. Comment réglementons-nous l'utilisation éthique des bots, garantissant qu'ils servent le bien commun plutôt que des intérêts particuliers ? Comment distinguer entre l'automatisation bénéfique et celle qui menace l'intégrité de nos interactions numériques ?

Dans cette exploration de l'écosystème des bots, nous nous confrontons à la dualité de ces entités automatisées. Elles peuvent être des instruments d'amplification de la voix et de simplification des tâches, mais aussi des forces capables de déstabiliser la confiance et de manipuler la perception publique. Comment, alors, naviguons-nous dans cet espace où chaque interaction peut être le résultat d'une programmation plutôt que d'une intention humaine ? Ces questions tracent la carte de notre expédition dans un monde où les marionnettistes numériques jouent leur rôle dans la trame complexe de nos vies en ligne.

La puissance de l'algorithme de recommandation

Plongeons maintenant dans l'univers complexe des algorithmes de recommandation, des maîtres de la personnalisation qui, par leur pouvoir, deviennent des sculpteurs habiles de nos réalités numériques. Explorons en détail cette force qui transcende la simple suggestion pour devenir un acteur influent dans la formation de nos opinions et de nos perceptions.

Les algorithmes de recommandation, souvent en coulisses, guident nos choix en ligne, de la musique que nous écoutons aux articles que nous lisons et parfois aux achats en ligne que nous faisons. Pour, Shoshana Zuboff, ces algorithmes sont devenus des architectes de nos expériences, utilisant des données personnelles pour anticiper nos préférences et déterminer les contenus qui nous sont présentés. Comment ces algorithmes façonnent-ils nos réalités, créant des bulles informationnelles qui déterminent non seulement ce que nous consommons, mais aussi ce que nous croyons ? Comment pouvons-nous garantir que l'optimisation de l'expérience utilisateur ne se transforme pas en manipulation insidieuse ?

La personnalisation, au cœur de ces algorithmes, crée des filtres invisibles autour de nous. Eli Pariser, dans « The Filter Bubble », nous alerte sur les dangers de cette personnalisation excessive, soulignant comment elle peut créer des réalités individualisées, isolant les individus dans des écosystèmes informationnels restreints. Ces algorithmes, bien qu'intentionnés pour améliorer nos expériences en ligne, peuvent également devenir des vecteurs de polarisation. Les travaux de Zeynep Tufekci, dans « Twitter and Tear Gas », mettent en lumière la manière dont les algorithmes peuvent créer des "bulles de réalité", isolant les utilisateurs dans des écosystèmes informationnels restreints. Comment concevons-nous des algorithmes qui favorisent la découverte plutôt que la confirmation, construisant des ponts entre les différentes perspectives au lieu de dresser des barrières ?

La transparence de ces algorithmes devient une question cruciale. Comment comprendre les critères sur lesquels ils basent leurs recommandations ? Comment évitons-nous que ces algorithmes ne deviennent des boîtes noires, opérant dans l'ombre sans responsabilité ? Comment pouvons-nous garantir que les recommandations ne sont pas biaisées, perpétuant des stéréotypes ou excluant certains points de vue ?

Dans cette plongée critique voire philosophique au cœur de la puissance des algorithmes de recommandation, nous sommes confrontés à une dualité : d'une part, ils optimisent nos expériences en anticipant nos besoins, et d'autre part, ils peuvent créer des échos de nos propres idées, renforçant parfois nos préjugés. Comment, alors, naviguons-nous dans cet univers où chaque recommandation est une invitation à façonner nos perspectives, où chaque algorithme devient un architecte de nos réalités numériques ? Ces interrogations tracent la route de notre expédition dans un monde où la frontière entre suggestion bienveillante et manipulation algorithmique devient parfois floue, où la vigilance devient la clé de notre autonomie informationnelle.

La psychologie des notifications : les sirènes numériques qui captivent

Nous voilà embarqués dans le monde envoûtant de la psychologie des notifications, où chaque ping, chaque alerte, est une symphonie subtile qui dirige notre attention. Explorez avec nous les mécanismes qui transforment ces notifications en véritables sirènes numériques, captivant notre esprit et modulant nos comportements.

Ensemble, imaginons-nous plongés dans nos activités quotidiennes, quand soudain, notre téléphone émet un doux ping. Une notification. Un signal qui transcende l'espace physique pour capturer notre attention. Les travaux de Tristan Harris, exprimés dans « The Social Dilemma », révèlent comment ces notifications sont minutieusement conçues pour déclencher des réponses émotionnelles, devenant ainsi des outils puissants d'engagement.

Les applications sociales, expertes dans l'art de la notification, exploitent la psychologie humaine. Les « likes », les commentaires, les nouveaux messages – chaque notification est un fragment de gratification instantanée. C'est l'avis du scientifique du comportement, Nir Eyal expliquant comment cette gratification variable, parfois même addictive, renforce notre attachement aux plateformes. Comment naviguons-nous dans cet univers où notre attention est la monnaie la plus précieuse, et où chaque notification est une offre séduisante ?

Nous nous rendons compte que les notifications ne sont pas seulement des déclencheurs d'engagement, mais aussi des architectes de nos habitudes. Les rappels, les alertes, les « breaking news » – chaque notification façonne notre relation avec le monde numérique qui nous entoure. Imaginez un monde où chaque notification est une petite impulsion, une suggestion subtile qui guide nos actions. Comment concevons-nous des systèmes qui respectent notre autonomie tout en nous offrant des expériences engageantes ? Comment évitons-nous que ces notifications deviennent des chaînes invisibles qui nous lient à nos écrans ?

Ensemble, découvrons que les notifications ne sont pas seulement des informations, mais aussi des vecteurs d'émotions. Les alertes de nouvelles, par exemple, peuvent évoquer des sentiments d'urgence ou d'anxiété. Les chercheurs, comme George Loewenstein dans « The Psychology of Curiosity », explorent comment les notifications peuvent jouer sur notre curiosité, devenant ainsi des invitations irrésistibles à explorer davantage. Imaginez un monde où chaque notification est une émotion encapsulée, une expérience sensorielle qui colore notre perception du monde. Comment, alors, naviguons-nous dans cet océan émotionnel où chaque notification est une promesse d'expérience, une porte ouverte vers de nouvelles émotions ? Les notifications parfois nous dictent l'information, le minutage, et souvent même l'émotion. Mais comment créer des systèmes de notifications plus éthiques, où l'utilisateur a le contrôle sur le flot d'informations ? Comment garantir que ces outils d'engagement ne deviennent pas des manipulateurs de nos émotions et de nos comportements ?

Chaque notification, une histoire en soi, une interaction fugace qui module nos pensées, nos émotions et nos actions. Comment, ensemble, naviguons-nous dans cet océan de notifications, où chaque alerte est une décision sur notre attention, et chaque décision façonne notre expérience numérique ? Ces interrogations tracent la route de notre expédition dans un monde où les sirènes numériques appellent à la fois à l'engagement et à la réflexion, où la balance entre captivation et autonomie devient l'équilibre délicat de notre navigation numérique.

Les notifications, dans leur essence, sont des communications à sens unique. Elles dictent l'information, le minutage, et souvent même l'émotion. Mais comment créer des systèmes de notifications plus éthiques, où l'utilisateur a le contrôle sur le flot d'informations ? Comment garantir que ces outils d'engagement ne deviennent pas des manipulateurs de nos émotions et de nos comportements ?

Les profils psychographiques : les profondeurs de l'intime numérique

Plongeons maintenant dans les eaux mystérieuses des profils psychographiques, ces portraits numériques détaillés qui nous définissent au-delà de ce que nous partageons consciemment en ligne. Explorez avec nous la complexité de ces créations algorithmiques et les implications profondes qu'elles ont sur notre vie numérique.

Imaginez-vous, non pas simplement en tant qu'utilisateur d'Internet, mais en tant que sujet d'une analyse minutieuse. Les profils psychographiques, tels que mis en lumière par les révélations de Cambridge Analytica, transcendent la simple collecte de données pour pénétrer les recoins les plus intimes de notre psyché. Ces profils ne se contentent pas de refléter nos goûts ou nos préférences, mais ils cherchent à anticiper nos réactions, à influencer nos choix, et à dévoiler nos vulnérabilités. Comment, alors, réagissons-nous face à cette intrusion dans notre intimité numérique ? Comment préservons-nous notre autonomie et notre intégrité dans un monde où chaque clic peut être examiné, analysé et exploité ?

Les enseignements tirés des affaires de manipulation basées sur les profils psychographiques soulignent la nécessité d'une vigilance accrue. Chacun de nos mouvements en ligne devient une pièce du puzzle qui compose notre profil, et chaque interaction contribue à affiner les prédictions algorithmiques. Ces profils, parfois plus perspicaces que notre entourage, peuvent influencer nos choix politiques, nos habitudes de consommation, voire nos croyances les plus profondes. Comment, dès lors, naviguons-nous dans cet espace où la frontière entre personnalisation bienveillante et manipulation devient parfois floue ? Comment développons-nous une compréhension critique de la manière dont nos données sont utilisées pour élaborer ces portraits numériques ?

Le défi majeur réside dans la protection de notre autonomie individuelle. Les profils psychographiques, lorsqu'ils sont exploités de manière malveillante, peuvent devenir des outils puissants pour façonner nos perceptions et nos actions. Les conséquences sont tangibles, qu'il s'agisse d'influencer les résultats d'élections, de manipuler les préférences d'achat, ou même de fomenter la discorde sociale. Comment, donc, équilibrons-nous le bénéfice de la personnalisation en ligne avec la protection de notre libre arbitre ? Comment demandons-nous des comptes aux entités qui façonnent ces profils et qui ont un impact significatif sur notre réalité numérique ?

Les profils psychographiques, s'ils peuvent être utilisés à des fins néfastes, soulèvent également des questions éthiques fondamentales. La collecte de données, souvent sans le consentement éclairé des utilisateurs, soulève des préoccupations quant à la confidentialité et à la transparence. Les exemples tels que l'affaire Cambridge Analytica mettent en lumière la nécessité de réglementations strictes pour protéger les individus contre une exploitation indue de leurs informations personnelles. Comment, alors, influençons-nous les politiques et les pratiques qui régissent la collecte et l'utilisation de nos données, et comment nous assurons-nous que nos droits fondamentaux ne sont pas sacrifiés sur l'autel du progrès technologique ?

Dans cette exploration des profondeurs des profils psychographiques, nous sommes confrontés à une dualité : d'une part, la nécessité de comprendre comment nos données sont utilisées pour nous définir numériquement, et d'autre part, la quête constante de protéger notre autonomie contre une manipulation indue. Comment, donc, naviguons-nous dans ces eaux troubles où chaque clic résonne dans la composition complexe de notre portrait numérique ? Ces questions tracent la route de notre expédition dans un monde où l'intimité numérique devient un enjeu majeur, où chaque empreinte en ligne est une trace dans la création de notre identité numérique.

La manipulation de l'émotion

Explorons ensuite le terrain glissant de la manipulation

émotionnelle automatisée. Les algorithmes, souvent capables d'analyser nos réponses émotionnelles en ligne, deviennent des sculpteurs habiles de nos états d'esprit.

Imaginons un monde où chaque clic, chaque réaction en ligne devient une note dans une partition invisible qui orchestre nos émotions. La manipulation de l'émotion automatisée, souvent opérée par des algorithmes sophistiqués, peut transcender la simple personnalisation pour devenir une force influente dans la façon dont nous ressentons et interprétons le monde. Comment, alors, naviguons-nous dans cet univers où nos émotions sont sculptées par des lignes de code ? Comment préservons-nous notre authenticité émotionnelle dans un espace numérique où chaque interaction peut être une tentative délibérée de moduler nos humeurs ?

Les enseignements tirés des travaux de chercheurs tels que Cathy O'Neil dans « Weapons of Math Destruction » mettent en lumière le potentiel de ces algorithmes à créer des boucles de rétroaction émotionnelle. Les plateformes en ligne, avides de maximiser l'engagement, peuvent utiliser des données émotionnelles pour personnaliser nos expériences de manière à maintenir notre attention. Imaginez un monde où chaque contenu que vous rencontrez est soigneusement sélectionné pour susciter une réponse émotionnelle, créant ainsi des cycles d'engagement compulsif. Comment, donc, équilibrons-nous le besoin de personnalisation avec le respect de notre bien-être émotionnel ? Comment nous libérons-nous des chaînes d'une manipulation émotionnelle qui pourrait subtilement guider nos réactions et comportements ?

La manipulation de l'émotion ne se limite pas seulement à la sphère individuelle, elle peut également avoir des implications sociales et politiques majeures. La manipulation peut être utilisée pour amplifier des émotions collectives, influencer l'opinion publique, voire provoquer des mouvements sociaux. Les émotions, lorsqu'elles sont exploitées à grande échelle, deviennent une force puissante pour modeler les dynamiques sociales. Comment, dès lors, naviguons-nous dans cet espace où la frontière entre l'expression authentique des émotions et la manipulation orchestrée devient parfois floue ? Comment préservons-nous la sincérité émotionnelle dans un paysage numérique où chaque réaction peut être une pièce dans un puzzle d'influence ?

Les enseignements de la manipulation émotionnelle nous incitent à réfléchir profondément sur notre relation avec la technologie. Comment définissons-nous des limites éthiques à l'utilisation de nos données émotionnelles ? Comment nous assurons-nous que les algorithmes respectent la diversité émotionnelle de chacun plutôt que de favoriser des états d'âme uniformes ? Comment, en fin de compte, éduquons-nous les utilisateurs sur les mécanismes sous-jacents de la manipulation émotionnelle, les dotant ainsi des outils nécessaires pour une expérience numérique plus consciente ?

L'économie de l'attention

Plongeons ensuite dans l'économie de l'attention, un concept où chaque seconde de notre focus devient une marchandise précieuse. Les algorithmes, en compétition pour notre attention, s'efforcent de concevoir des expériences captivantes. Comment définissons-nous des limites à cette économie qui semble toujours demander plus ?

Imaginez-vous dans un monde où l'attention est devenue la monnaie d'échange principale. Les plateformes numériques, inondées de contenus et de stimulations constantes, rivalisent pour attirer notre regard et maintenir notre intérêt. L'économie de l'attention, telle que décrite par des penseurs comme Tim Wu dans son ouvrage « The Attention Merchants », expose comment nos interactions en ligne sont devenues le produit vendu aux plus offrants. Comment, alors, naviguons-nous dans ce royaume numérique où chaque clic est une transaction, où chaque moment d'attention est monétisé ?

Cette économie, souvent alimentée par des algorithmes sophistiqués, peut nous enfermer dans des bulles d'information, où nos préférences existantes sont renforcées plutôt que challengées. L'économie de l'attention, en quête constante de captiver notre esprit, peut également entraîner des conséquences sur notre bien-être mental. Les notifications incessantes, les contenus en perpétuel renouvellement, peuvent contribuer à une expérience numérique de plus en plus anxiogène. Comment, donc, préservons-nous notre bien-être dans un monde où la monnaie de l'attention peut parfois devenir un fardeau psychologique ?

La nature addictive de cette économie, où chaque « like », chaque « partage », chaque téléchargement, chaque commentaire et chaque notification est conçu pour déclencher une réponse, soulève des questions éthiques fondamentales. Comment, alors, concevons-nous des espaces numériques qui respectent notre liberté individuelle, évitant la manipulation de nos comportements et de nos émotions ? Comment encourageons-nous une utilisation consciente de la technologie plutôt que de tomber dans les pièges de la dépendance ?

L'économie de l'attention, tout en offrant des expériences en ligne riches et engageantes, nous confronte à des dilemmes profonds. Comment, en tant qu'individus, pouvons-nous être les navigateurs éclairés de notre attention, résistant aux appels incessants de la distraction numérique ? Comment, en tant que société, pouvons-nous rééquilibrer cette économie pour favoriser des interactions en ligne qui enrichissent notre compréhension du monde plutôt que de la restreindre ? Ces questions tracent la route de notre expédition dans un monde où chaque moment d'attention est une décision consciente, où la navigation dans les courants de la distraction numérique devient l'art délicat de notre présence en ligne.

L'intelligence artificielle générative

Enfin, plongeons dans le monde de l'intelligence artificielle générative (sujet très actuel avec chat GPT, Bard, Ai X, etc.), où des algorithmes créent du contenu indiscernable de celui produit par des humains. Explorez avec nous les mécanismes de cette intelligence artificielle qui transcende la simple automatisation pour devenir une force créative dans notre réalité numérique.

Imaginez un monde où la créativité n'est pas l'apanage exclusif des esprits humains. L'intelligence artificielle générative, telle que représentée par des modèles tels que chat GPT-3, va au-delà de la simple réponse aux requêtes pour générer des textes, des images et même des idées originales. Ces algorithmes, nourris de vastes ensembles de données, peuvent créer des contenus indiscernables de ceux produits par des auteurs humains. Comment, alors, naviguons-nous dans cet univers où les frontières entre la création humaine et algorithmique deviennent floues ? Comment évaluons-nous la créativité de ces systèmes qui génèrent des œuvres sans expérience, sans émotion, et sans perspective humaine ?

L'intelligence artificielle générative soulève des questions éthiques importantes en termes de propriété intellectuelle et de responsabilité. Les contenus générés peuvent parfois être utilisés de manière malveillante, imitant des voix ou créant des faux articles. Les enseignements tirés des débats autour de la désinformation en ligne soulignent la nécessité de comprendre comment ces systèmes peuvent être utilisés pour manipuler l'opinion publique. L'automatisation de la création de contenu facilite la production d'informations qui peuvent être détournées d'usage, une fois entre les mains d'individus mal intentionnés. Donc comment, en tant que société, anticipons-nous et nous adaptons-nous aux changements rapides que ces avancées en intelligence artificielle générative apportent à notre paysage informationnel ?

La puissance de ces algorithmes génératifs peut également soulever des questions quant à la diversité et à l'inclusion. Les modèles, formés sur des ensembles de données massifs, peuvent refléter les biais présents dans ces données. Les travaux de chercheurs tels que Joy Buolamwini dans « Gender Shades » mettent en lumière la manière dont l'IA peut refléter et même amplifier les préjugés existants. Comment, donc, assurons-nous que ces systèmes génératifs respectent la diversité des voix, des perspectives et des cultures ? Comment éduquons-nous les concepteurs et les utilisateurs sur les implications potentielles de la créativité algorithmique sur la diversité culturelle et sociale ?

L'intelligence artificielle générative, bien qu'offrant des possibilités infinies en termes de création automatisée, nous oblige à reconsidérer notre relation avec la technologie. A cela s'ajoute l'impact de cette IA sur les métiers et compétences : c'est quoi un développeur IT, un rédacteur web, etc de demain ? Un vrai enjeu de prospective métier. Comment, en tant qu'individus, embrassons-nous la créativité algorithmique tout en préservant l'authenticité et la singularité de l'expression humaine ? Comment, en tant que société, encadrons-nous et régulons-nous ces avancées pour garantir qu'elles contribuent à notre bien-être collectif plutôt qu'à notre désorientation ? Comment pourra-t-elle nous booster dans nos métiers au lieu d'en remplacer certains ? Ces interrogations tracent la route de notre expédition dans un monde où l'intelligence artificielle générative devient un acteur créatif majeur, redéfinissant les contours de la création et de l'expression dans notre réalité numérique.

Ces outils, souvent utilisés pour générer des textes, des images ou des vidéos, soulèvent la question de la confiance dans l'information que nous consommons. Comment garantir l'intégrité de nos sources d'information dans un paysage où la frontière entre le réel et le généré devient floue ? Comment développons-nous des systèmes de vérification robustes dans une ère où la désinformation peut être générée à une échelle sans précédent ?

Cette extension de notre exploration nous plonge dans les dédales des outils d'influence automatisés, des instruments qui transcendent souvent le simple engagement pour devenir des forces qui sculptent nos pensées, nos émotions et nos actions. Les questions qui surgissent sont autant de phares éthiques dans la nuit numérique, des balises qui nous guident à travers des mers parfois tumultueuses. Comment, alors, naviguons-nous dans cet univers où chaque algorithme est une invitation à la persuasion, où chaque ligne de code peut devenir une force invisible qui gouverne nos choix ? Ces interrogations tracent la route de notre expédition dans un monde où la frontière entre autonomie individuelle et influence automatisée est souvent floue, et où la vigilance devient la boussole essentielle de notre voyage numérique.

DÉSINFORMATION AUTOMATISÉE

La désinformation automatisée, orchestrée par des algorithmes habiles, émerge comme une menace sophistiquée, exploitant les failles du traitement algorithmique de l'information pour semer la confusion. Elle ne se contente pas de diffuser des informations erronées, elle le fait de manière sophistiquée. Les botnets, réseaux de robots automatisés, sont utilisés pour créer l'illusion d'une multitude d'individus réels partageant et réagissant aux contenus. Ces réseaux peuvent être programmés pour ajuster leurs comportements en fonction des modèles de détection, rendant leur identification difficile.

Propagation sophistiquée

La propagation sophistiquée est une véritable danse macabre dans le cyberespace, où la vérité et la tromperie se mêlent dans une symphonie virtuelle. Autrement dit, c'est une forme avancée de manipulation de l'opinion publique qui utilise des techniques élaborées pour influencer les perceptions, les croyances et les comportements des individus (tiré de wikipédia). Naviguer dans cette salle de bal exige des contre-mesures tout aussi élaborées, combinant technologie avancée et compréhension approfondie des mécanismes de ces botnets pour protéger notre perception de la réalité en ligne.

Les créateurs de botnets adaptent constamment leurs stratégies pour éviter la détection. Certains s'infiltrent dans des communautés en ligne, établissant une confiance artificielle avant de déployer leur influence. D'autres créent des versions améliorées, capables de réagir aux nouvelles tactiques de détection avec une agilité déconcertante. D'où la nécessité de mettre à jour les outils de lutte contre cette désinformation sophistiquée.

Cette sophistication dans la propagation crée un défi redoutable pour les plateformes et les experts en sécurité. La frontière entre la conversation authentique et la manipulation orchestrée devient floue, demandant une vigilance constante pour identifier les signaux d'alarme.

Imaginez une salle de bal numérique, où des danseurs masqués représentent les botnets, ces ensembles complexes d'algorithmes orchestrant une chorégraphie perfide. Ils ne se contentent pas de partager des informations erronées ; ils maîtrisent l'art de la dissimulation, présentant une diversité factice d'opinions pour masquer leur véritable nature.

Certains bots dansent avec passion, exprimant un enthousiasme effréné, tandis que d'autres adoptent une sceptique retenue. Cette diversité simulée crée l'illusion d'un débat authentique, un subterfuge virtuel qui dissimule habilement la manipulation orchestrée derrière la multitude d'interactions. La chorégraphie évolue constamment. Les créateurs de botnets ajustent les pas de danse pour échapper à la vigilance des plateformes de médias sociaux et des experts en sécurité. Certains infiltrés, tels des danseurs espions, s'intègrent dans des communautés en ligne, établissant une confiance artificielle avant de dévoiler leur influence.

Cette danse sophistiquée crée un défi redoutable. La frontière entre la conversation authentique et la manipulation orchestrée devient floue, exigeant une vigilance constante pour démasquer les acteurs malveillants. Comment, alors, pouvons-nous lever le voile sur cette valse trompeuse ? La première étape consiste à aiguiser notre sens critique. Nous devons devenir des spectateurs éclairés, capables de discerner les pas subtils de la désinformation automatisée. En cultivant une méfiance raisonnée et en remettant en question nos propres croyances, nous devenons les gardiens de notre propre perception.

Mais la solution ne réside pas uniquement dans la vigilance individuelle. Les plateformes en ligne, ces scènes virtuelles où se déroule la valse, doivent également jouer leur rôle. La transparence dans les algorithmes, des mécanismes de détection plus avancés et une coopération mondiale entre les acteurs numériques sont des pas indispensables pour contrer cette danse perfide

Dans cette valse numérique, nous sommes tous danseurs et spectateurs. La responsabilité collective, combinée à une compréhension approfondie des mécanismes de la désinformation automatisée, est notre meilleure arme. Ensemble, nous pouvons remodeler la danse, instaurant une symphonie numérique où la vérité n'est pas masquée par des masques trompeurs, mais résonne clairement dans la cacophonie virtuelle.

L'énigme de la manipulation des tendances

Les algorithmes de désinformation automatisée sont capables de manipuler les tendances en ligne. En simulant des interactions massives, ils peuvent propulser des sujets spécifiques vers le sommet des tendances (guerre en Ukraine, bombardements au gaza, COP climat, etc.), créant ainsi une illusion de popularité et d'importance. Cela peut influencer l'agenda médiatique et induire en erreur le public sur les sujets véritablement prioritaires.

Imaginez une scène numérique dynamique, où les sujets en vogue sont les danseurs principaux, captant l'attention de tous les regards. C'est ici que la désinformation automatisée orchestre sa stratégie la plus ingénieuse : la manipulation des tendances.

Les algorithmes de manipulation des tendances ne se contentent pas de suivre le mouvement, ils le créent. Tels des chorégraphes numériques, ils propulsent certains sujets vers le sommet, conférant une illusion de popularité et d'importance. C'est une danse virtuelle où la réalité est souvent façonnée par des lignes de code.

Cette manipulation subtile des tendances peut altérer l'agenda médiatique, induire en erreur le public sur les sujets réellement prioritaires et créer une distorsion entre la perception et la réalité. Comment, alors, pouvons-nous dévoiler les subterfuges de cette danse algorithmique ?

Explorons davantage les mystères de la manipulation des tendances, plongeons dans la valse envoûtante où les algorithmes de désinformation automatisée orchestrent une danse subtile pour sculpter notre perception de l'actualité numérique.

Imaginez une grande salle de bal numérique, les sujets en vogue étant les danseurs étoiles sur la scène de l'attention mondiale. C'est dans cette atmosphère vibrante que se déroule la manipulation des tendances, une chorégraphie algorithmique où les pas numériques tracent des lignes sur l'agenda médiatique. Plusieurs aspects entrent en jeux :

L'éveil illusoire des sujets : la manipulation des tendances n'est pas une simple participation à la danse de l'actualité, c'est un acte créatif. Les algorithmes choisissent soigneusement les sujets à propulser vers le sommet, créant une illusion d'éveil spontané. Cette séduction numérique captive l'audience, laissant croire que les sujets en vogue émergent naturellement de la conversation collective.

La distorsion de l'agenda médiatique : comme des marionnettistes virtuels, les algorithmes tirent les ficelles de l'agenda médiatique. En propulsant certains sujets au premier plan, ils créent une distorsion entre ce qui est réellement important et ce qui semble l'être. C'est une danse où la réalité est souvent déformée, influençant notre compréhension du monde numérique.

L'Effet domino de l'influence : une fois qu'un sujet est mis en avant par la manipulation des tendances, c'est comme déclencher une réaction en chaîne. Les médias traditionnels et les utilisateurs sociaux se joignent à la danse, propageant le sujet en vogue comme une traînée de poudre. Cette cascade d'influence crée une amplification artificielle qui peut façonner les perceptions à l'échelle mondiale.

Les conséquences sur la perception : la manipulation des tendances peut altérer profondément la manière dont nous percevons l'actualité. Les sujets artificiellement amplifiés peuvent éclipser des problèmes cruciaux, détourner l'attention de véritables enjeux et influencer les débats publics. Cette distorsion de la réalité peut entraîner des conséquences à long terme sur la compréhension collective.

Alors, comment démêler cette valse envoûtante de la manipulation des tendances ? La clé réside dans la prise de conscience. En tant que spectateurs numériques, nous devons questionner les sujets en vogue, rechercher la diversité des sources d'information et reconnaître que la popularité n'est pas toujours synonyme de pertinence.

La manipulation des tendances est une valse qui peut captiver notre attention, mais en cultivant une vigilance éclairée, nous pouvons apprendre à distinguer les pas authentiques de cette chorégraphie artificielle. Ainsi, dans ce tourbillon numérique, nous pouvons retrouver notre capacité à danser au rythme de notre propre discernement.

Personnalisation de la désinformation

Les algorithmes peuvent personnaliser les contenus de désinformation en fonction des caractéristiques démographiques, des préférences politiques et des comportements en ligne de chaque individu. Cette personnalisation accrue augmente l'efficacité de la désinformation en ciblant spécifiquement les vulnérabilités et les biais de chaque utilisateur. La désinformation automatisée ne se disperse pas au hasard. Les algorithmes, avec leur compréhension fine des utilisateurs, permettent une diffusion personnalisée des contenus falsifiés. Des groupes spécifiques, définis par des caractéristiques démographiques, psychographiques ou politiques, sont exposés à des récits conçus pour exploiter leurs vulnérabilités. Par exemple des publicités politiques diffusées exclusivement à des électeurs potentiellement influençables. Les messages comme l'immigration, l'antisémitisme ou l'écologie, conçus pour résonner avec leurs inquiétudes spécifiques, exploitent les failles individuelles, transformant l'algorithme en un outil de manipulation de masse

Les désinformateurs exploitent la nature même des algorithmes qui favorisent la rétention de l'attention. Des communautés numériques se forment autour de visions du monde spécifiques, renforcées par des contenus algorithmiquement sélectionnés pour confirmer leurs préjugés. Les filtres de réalité individuels se resserrent, créant des échos chambres où la vérité est filtrée par les lentilles déformantes de la désinformation.

En plongeant dans ces détails, l'image se précise : la désinformation automatisée est une pièce maîtresse dans l'arsenal des manipulateurs numériques. Les algorithmes, censés faciliter l'accès à une information de qualité, deviennent paradoxalement des vecteurs de désinformation sophistiquée.

Effet de bulle : Imaginez-vous dans un monde où chaque clic, chaque like, façonne votre réalité. Les algorithmes, omniprésents et invisibles, travaillent en coulisses pour vous présenter un univers d'informations soigneusement sélectionnées. Bienvenue dans l'effet de bulle, une réalité façonnée par des algorithmes qui préfèrent la familiarité à la diversité.

Vous, utilisateur de médias sociaux, commencez votre journée avec une tasse de café et votre smartphone. Les algorithmes, avec leur connaissance subtile de vos préférences, vous accueillent dans une réalité sur mesure. Des actualités qui confirment vos opinions, des publications d'amis partageant vos vues, une avalanche d'informations qui ne sont pas seulement ce que vous aimez, mais ce que vous attendez.

Chaque fragment d'information, chaque pixel de cette mosaïque, contribue à renforcer la bulle. Les algorithmes comprennent vos réactions émotionnelles, mesurent votre engagement, et ajustent le filtre en conséquence. Le contradictoire est filtré, l'inattendu est éclipsé, et la diversité est sacrifiée au nom de la prévisibilité algorithmique. Et comme disait Éric Sadin, philosophe français spécialiste du numérique, la bulle devient votre réalité quotidienne, un écho constant de vos propres idées, une chambre où la dissidence est étrangère.

Dans cette bulle, la divergence devient suspecte, le désaccord est étranger, et la diversité d'opinions semble lointaine. Les informations qui défient vos croyances sont filtrées, rendues invisibles, créant une illusion de consensus, mais au prix de la réalité.

Sortir de la bulle devient une aventure audacieuse, une plongée dans l'inconnu où chaque information non filtrée peut sembler étrangère.

L'effet de bulle, bien que confortable, est une illusion périlleuse. Elle renforce les divisions, alimente les préjugés, et compromet la capacité de la société à discuter, à débattre, à évoluer. La désinformation automatisée, en exploitant cette quête algorithmique de la familiarité, devient non seulement une menace pour la vérité, mais aussi une architecte subtile de la fragmentation sociale.

Dans cet environnement d'effet de bulle, la désinformation automatisée prospère, exploitant la quête humaine de confort et de confirmation. La sortie, bien que difficile à trouver, réside dans la volonté collective de transcender les limites algorithmiques et de redécouvrir la richesse de la véritable diversité. En explorant ces aspects, la désinformation automatisée se révèle comme un acteur de perturbation majeur, sapant la confiance démocratique et fragmentant la cohésion sociale. Cette dualité de conséquences souligne la nécessité d'actions concrètes pour préserver l'intégrité des processus démocratiques et maintenir une société résiliente.

Propagande informationnelle

Dans l'antre numérique où les algorithmes jouent les rôles de conteurs, les récits biaisés deviennent des outils sophistiqués de manipulation, influençant non seulement les opinions mais également les actions des individus.

La création de narratives biaisées : le cas du récit

La forge du récit : Imaginez-vous dans un atelier clandestin où les algorithmes, tels des alchimistes modernes, mêlent les données pour créer des récits sur mesure. Chaque pixel d'information devient une pièce d'un puzzle complexe. Les algorithmes analysent les masses de données pour identifier les récits les plus susceptibles de résonner avec une audience particulière. C'est une forge où les récits prennent forme, chaque élément choisi avec précision pour influencer les pensées et les émotions. Exemple : imaginons une entreprise qui veut améliorer la perception de son produit. Les algorithmes analysent les commentaires en ligne, identifiant les points de discorde. Ils créent ensuite un récit qui minimise les critiques, souligne les avantages du produit et amplifie les témoignages positifs. Ce récit est ensuite diffusé de manière stratégique, inondant les espaces numériques où les consommateurs potentiels sont les plus susceptibles de le rencontrer.

Le miroir du récit : ces récits deviennent le miroir

déformé à travers lequel le public perçoit la réalité. Chaque récit est une lentille colorée qui teinte la vision du monde de l'audience. Vous vous trouvez devant un kaléidoscope numérique, où chaque facette du récit est façonnée pour créer une image spécifique. C'est une réalité altérée, une construction minutieuse de perspectives biaisées. Imaginons une entreprise de restauration rapide en difficulté après des critiques sur la qualité de ses ingrédients. Les algorithmes créent un récit mettant en avant des fermes locales, des méthodes de cuisine traditionnelles, et des témoignages de clients satisfaits. Ce récit est diffusé sur les médias sociaux, transformant la perception négative en une histoire positive de qualité alimentaire.

L'écho du récit : les algorithmes, comme des chefs d'orchestre numériques, dirigent l'écho de ces récits dans le paysage numérique. Les récits biaisés résonnent dans les coins où l'audience est la plus réceptive, créant ainsi une symphonie persuasive. Par exemple une entreprise automobile lance un nouveau modèle électrique. Les algorithmes identifient les groupes en ligne préoccupés par l'impact environnemental des voitures. Le récit forgé met en avant les caractéristiques éco-responsables du véhicule, générant ainsi un écho positif parmi les consommateurs soucieux de l'environnement.

MANIPULATION COMPORTEMENTALE SUR LES RÉSEAUX SOCIAUX

Plongeons dans le dédale complexe de la manipulation comportementale sur les réseaux sociaux, où les algorithmes agissent en tant que marionnettistes numériques, orchestrant subtilement nos pensées, nos actions et nos perceptions.

Le théâtre des réactions

Sur les réseaux sociaux, chaque clic, chaque like, chaque partage est minutieusement observé. Les algorithmes, tels des metteurs en scène, étudient nos réactions pour comprendre nos préférences, nos opinions et nos faiblesses. Chaque interaction devient un acte dans le théâtre numérique de la manipulation comportementale.

Imaginez-vous dans une salle de spectacle numérique, chaque publication étant une pièce interprétée avec une précision calculée. Chaque réaction du public, qu'elle soit un applaudissement virtuel ou un murmure numérique, est scrutée par des algorithmes agissant en tant que metteurs en scène invisibles. Nous sommes les acteurs principaux de cette pièce, déployant nos réactions avec chaque interaction. Chaque clic, chaque like, chaque partage résonne à travers les coulisses numériques, créant un portrait détaillé de nos préférences, opinions et habitudes.

Quête de l'engagement : derrière le rideau, les algorithmes guettent avidement l'engagement de l'audience. Plus nous participons, plus la pièce s'intensifie. Les plateformes cherchent à maximiser notre temps passé en les récompensant avec des contenus soigneusement sélectionnés, créant ainsi une dépendance subtile à la scène numérique.

Réactions comme monnaie d'échange : nos réactions deviennent une monnaie d'échange dans cette économie numérique. Les plateformes les utilisent pour affiner leurs suggestions, personnaliser nos fils d'actualité et créer des expériences sur mesure. Chaque réaction devient une pièce du puzzle qui façonne notre expérience quotidienne.

Comment, alors, percevons-nous ce théâtre des réactions dans lequel nous sommes tous des acteurs involontaires ? La première étape est la réflexion. Chacun de nos gestes numériques contribue à cette pièce, mais combien sommes-nous conscients de cette représentation ? Sommes-nous les marionnettes ou les metteurs en scène de notre expérience en ligne ?

Face à ce théâtre des réactions, la transparence devient la lumière qui dissipe l'ombre de la manipulation. Les plateformes peuvent jouer un rôle crucial encore plus en rendant leurs algorithmes plus compréhensibles et en offrant aux utilisateurs un contrôle accru sur la manière dont leurs données sont utilisées. La réaction que nous choisissons devrait être un choix délibéré, non pas une réponse automatique aux scripts algorithmiques. En comprenant le pouvoir de nos réactions, nous devenons les dramaturges de notre propre expérience en ligne, transformant ainsi le théâtre des réactions en un espace d'expression authentique et éclairée.

Les incitations cachées : au cœur de la manipulation comportementale réside l'utilisation d'incitations cachées. Les algorithmes encouragent certaines actions en suggérant du contenu spécifique, en mettant en avant des notifications attractives, ou en créant des boucles de rétroaction qui stimulent notre engagement. Ces incitations subreptices façonnent notre comportement sans que nous en soyons toujours conscients.

Plongeons dans les coulisses intrigantes des réseaux sociaux, où les incitations cachées jouent le rôle de marionnettistes invisibles, influençant nos actions, nos choix et nos habitudes numériques.

Incitations subtiles à l'action : les plateformes déploient des incitations subtiles, dissimulées derrière des notifications alléchantes, des recommandations de contenu personnalisées et des récompenses virtuelles. Ces incitations visent à susciter des actions spécifiques - cliquer, partager, rester en ligne plus longtemps - créant ainsi une dépendance insidieuse à l'écosystème numérique.

Récompenses et renforcements : chaque action que nous entreprenons est méticuleusement analysée. Si nous réagissons positivement à une incitation cachée, nous sommes récompensés par des stimuli agréables - un son de notification, une animation ludique. Ces récompenses renforcent notre comportement, créant un cycle de rétroaction où l'engagement devient une habitude difficile à rompre.

Quête incessante de l'attention : les incitations cachées alimentent la quête incessante de l'attention. Elles nous poussent à parcourir infatigablement notre fil d'actualité, à répondre à chaque notification, à participer à une course effrénée pour la prochaine récompense virtuelle. Cette quête devient un moteur puissant, façonnant nos comportements sans que nous en soyons toujours conscients.

Comment, alors, percevons-nous ces incitations cachées qui tissent silencieusement la trame de notre expérience en ligne ? La réflexion devient la lampe de poche qui éclaire ces coins sombres. Sommes-nous conscients des ficelles invisibles qui guident nos actions, ou sommes-nous pris dans un ballet numérique où les incitations cachées dirigent la danse ?

Face à ces incitations, la résilience devient notre bouclier. En éduquant les utilisateurs sur les tactiques utilisées, les plateformes peuvent favoriser une utilisation plus consciente et éthique. Des options de personnalisation accrue et des rappels pour une utilisation responsable peuvent également atténuer les effets de ces incitations sournoises.

En fin de compte, la manipulation comportementale sur les réseaux sociaux nous invite à être les metteurs en scène de notre propre expérience numérique. C'est en comprenant les ficelles du spectacle que nous pouvons prendre le contrôle de nos interactions en ligne, transformant ainsi la manipulation en empowerment.

La tunnelisation cognitive

La tunnelisation cognitive est un phénomène psychologique dans lequel notre pensée et notre perception deviennent restreintes, souvent à cause d'une exposition excessive à un type spécifique d'informations ou de points de vue. Dans le contexte numérique, ce phénomène est exacerbé par les algorithmes des plateformes en ligne, qui cherchent à maximiser l'engagement en fournissant des contenus personnalisés.

La tunnelisation cognitive, accentuée par les algorithmes des plateformes numériques, crée des corridors numériques qui ne sont pas seulement des espaces d'information restreinte, mais également des terrains propices à la manipulation informationnelle orchestrée par l'IA.

Corridors numériques : les algorithmes, en analysant nos comportements, nous guident à travers des corridors numériques spécifiques, limitant notre exposition à des contenus qui renforcent nos convictions préexistantes. Ces corridors deviennent des zones de confort où nos pensées sont canalisées, créant un terrain fertile pour la tunnelisation cognitive.

Écho numérique et manipulation : La tunnelisation cognitive, en formant des échos numériques, crée un environnement propice à la manipulation par l'IA. Les algorithmes, conscients de nos préférences, peuvent exploiter ces échos pour présenter des informations biaisées, amplifiant ainsi la polarisation et contribuant à la formation de bulles d'information étanches.

Comment, alors, naviguons-nous dans ce labyrinthe numérique où la tunnelisation cognitive peut devenir une porte d'entrée à la manipulation informationnelle par l'IA ? L'éveil devient crucial. Sommes-nous conscients des limites de nos perspectives en ligne, ou sommes-nous captifs des corridors numériques créés par les algorithmes, ouvrant ainsi la porte à une influence automatisée ?

Face à ce risque, la vigilance devient la première ligne de défense. En élargissant nos horizons numériques, en diversifiant nos sources d'information et en comprenant les mécanismes de la manipulation par l'IA, nous pouvons renforcer notre résilience cognitive. Les plateformes, de leur côté, ont la responsabilité d'introduire des mécanismes de transparence et de contrôle pour atténuer ce risque grandissant.

DES PISTES POUR LUTTER CONTRE LA MANIPULATION INFORMATIONNELLE

Dans cette dernière partie, nous faisons appel à des personnage fictifs : Aissata, Marie, Anna, Ibrahim, Thomas, Kévin et Marc qui sont ici des miroirs représentatifs la société nous permettant de nous projeter, de nous identifier et nous pousser à réfléchir et à agir sur des pistes d'actions, des bonnes pratiques à mettre à en œuvre ou renforcer (si déjà existantes) en matière de lutte contre la manipulation grâce à l'utilisation de l'intelligence artificielle.

Renforcer la résilience face à la désinformation

Immergez-vous dans une société où chaque individu est doté d'une superpuissance intellectuelle : la pensée critique. Suivez le parcours d'Anna, une étudiante qui, grâce à une éducation aux médias éclairée, devient une experte dans l'art de discerner les informations trompeuses.

Explorez des scénarios où ces compétences deviennent un bouclier puissant contre la désinformation, permettant à chacun de filtrer les faits de la fiction. Plongeons dans un monde où chaque individu est un explorateur numérique averti, capable de naviguer dans l'océan d'informations avec une boussole forgée dans l'éducation aux médias et la pensée critique.

Éducation aux médias : L'Éveil d'Anna

Rencontrez Anna, une étudiante passionnée par l'actualité et les réseaux sociaux. À travers les pages de son histoire, explorez comment son éducation aux médias a forgé son regard sur l'information en ligne. Les leçons dans les salles de classe ne sont pas simplement des notions abstraites, mais des outils pratiques qui l'accompagnent quotidiennement. Imaginez une salle de classe où les enseignants guident les élèves dans le décodage des titres sensationnalistes, dans l'évaluation critique des sources et dans la reconnaissance des biais cognitifs. Les leçons ne se limitent pas à des faits, mais à des compétences qui deviennent un bouclier contre la désinformation.

À travers l'histoire d'Anna, invitez le lecteur à réfléchir : "Comment mon propre chemin dans l'éducation aux médias peut-il influencer ma perception du monde numérique ?"

Recherche de sources fiables : L'Odyssée de Marc

Accompagnez Marc, un internaute curieux, dans sa quête quotidienne pour trouver des informations fiables. À travers ses recherches, découvrez comment des outils technologiques tels que les vérificateurs de faits et les plateformes collaboratives en ligne deviennent ses alliés dans la lutte contre la désinformation.

Visualisez des scénarios où Marc, grâce à des communautés en ligne engagées, découvre des sources d'information vérifiées et partage ces trouvailles avec d'autres chercheurs de vérité. La recherche de sources fiables ne se limite pas à une activité solitaire mais devient un acte collaboratif, renforçant ainsi la résilience collective.

Incitez le lecteur à se demander : Comment pourrais-je intégrer ces outils dans ma propre recherche d'informations en ligne ?

Soutenir la recherche de sources d'information fiables : **L'Odyssée** d'Aissata

Les pixels de la vérité dansent devant Aissata, une navigatrice émérite dans l'océan tumultueux de l'information numérique. Sa quête quotidienne dévoile des insights profonds et des actions concrètes, avec à côté de chaque piste de réflexion, quelques éléments de réponses en guise de solutions clés en main pour le lecteur.

Scène 1 : La carte des vérificateurs de faits

Aissata, cartographe numérique, dévoile sa carte des vérificateurs de faits comme une boussole indispensable. « Avant de naviguer dans les eaux troubles de l'information, consultez cette carte », conseille-t-elle. Elle suggère au lecteur de ne pas voir ces vérificateurs comme de simples sites web, mais comme des gardiens de la vérité, des phares qui éclairent le chemin.

Comment ces phares pourraient-ils guider ma propre navigation dans l'information en ligne ?

Piste : « Je pourrais créer un dossier de signets avec des

vérificateurs de faits réputés et les consulter avant de partager une information. »

Il existe également d'**autres outils en ligne de vérification de faits** : Domain Whitelist, Factcheck.org, Disinformation Index, Bot sentinel, The Factual, ClaimBooster, Youtuve Data Viewer, Verification Tool, Misinformation Detector, Wiztrust, Politifact, Trust Times, tous gratuits d'accès et d'usage.

Scène 2 : Le voyage au cœur des communautés vérifiées

Aissata, en exploratrice aguerrie, partage son secret : l'importance des alliances. « Naviguer seul peut être périlleux, mais ensemble, nous sommes plus forts », dit-elle. Elle encourage le lecteur à rejoindre des groupes de recherche d'information, à échanger des idées et à créer un réseau d'explorateurs numériques. Ces communautés deviennent des oasis de discernement dans le désert numérique.

Comment contribuer à faire de ces oasis des refuges pour la vérité en ligne ?

Piste : « Je pourrais participer activement à des forums de discussion, partager des informations vérifiées et encourager un environnement de partage constructif. »

Scène 3 : La croisée des chemins : biais confirmation vs recherche active

Aissata, face à la croisée des chemins, partage sa boussole intérieure : la recherche active. « Il est facile de se laisser emporter par des courants familiers, mais la vraie découverte réside dans la recherche active », explique-t-elle. Elle encourage le lecteur à considérer chaque intersection comme une opportunité de diversité cognitive et à embrasser l'inconfort des nouvelles perspectives.

Comment puis-je transformer chaque divergence d'opinions en une occasion d'apprentissage ?

Piste : « Je pourrais suivre délibérément des sources d'informations avec des perspectives différentes et prendre le temps de comprendre leurs arguments. »

Scène 4 : La quête de la source originale (source primaire)

Aissata, à la recherche de la vérité, atteint la source originale comme un trésor caché. « Creuser plus profondément peut être exigeant, mais la récompense est inestimable », dit-elle. Elle encourage le lecteur à ne pas se contenter des récits intermédiaires, mais à plonger dans les sources primaires, à vivre l'histoire à sa source.

Comment puis-je intégrer la quête de la source originale dans ma recherche quotidienne d'informations ?

Piste : « Je pourrais utiliser des moteurs de recherche avancés pour trouver directement les études, les rapports ou les interviews originaux liés à une information. »

En suivant l'odyssée d'Aissata, nous sommes invités à devenir les héros de notre propre histoire de recherche d'information, armés de solutions tangibles pour renforcer sa résilience face à la désinformation.

En suivant l'odyssée d'Aissata, le lecteur est invité à devenir le héros de sa propre histoire de recherche d'information. Ces pistes de réflexion et actions concrètes doivent être des ancres, des repères pour guider chacun vers une résilience renforcée face à la désinformation.

Campagnes d'information sur les risques de manipulation : L'éveil numérique de Marie

Marie, tisseuse de connaissances, érige l'éveil numérique comme une cathédrale d'apprentissage. Cette campagne transcende la simple sensibilisation en explorant les aspects psychologiques profonds de la manipulation. Elle plonge dans les arcanes de la désinformation, illustrant comment les manipulateurs exploitent les émotions, déforment les faits et enflamment les controverses. Marie utilise des témoignages poignants, des graphiques interactifs et des événements en personne pour créer une véritable onde de choc. Elle collabore avec des psychologues, des spécialistes du comportement humain, et des experts en communication pour créer un récit dense et captivant.

Comment puis-je être un acteur actif dans la diffusion de l'Éveil Numérique au sein de ma communauté ?

Piste : « Je pourrais organiser des ateliers interactifs dans les écoles, inviter des psychologues pour des conférences publiques, et encourager la création de contenus multimédias immersifs pour toucher un public plus large. »

Marie conçoit des vidéos explicatives qui plongent profondément dans les mécanismes psychologiques de la manipulation, mettant en scène des témoignages émotionnels pour illustrer l'impact réel sur les individus. Ces vidéos deviennent virales, stimulant des discussions dans les foyers, les écoles et les lieux de travail. Marie explore également la possibilité de partenariats avec des plateformes de médias sociaux pour intégrer des mini-cours sur la résilience numérique directement dans les flux d'actualités, atteignant ainsi les utilisateurs là où ils sont le plus actifs.

En suivant Marie dans cette expédition approfondie, nous

sommes tous à devenir un des artisans de la diffusion de la connaissance, non seulement conscient des dangers, mais également armé de la compréhension nécessaire pour éduquer les autres.

Formation du public à la lutte contre la manipulation en ligne

Pour les Jeunes (élémentaires et lycéens) : idée d'Ibrahim

Cours intégrés : Ibrahim propose d'intégrer des cours de résilience numérique dans le programme scolaire régulier. En utilisant des exemples pertinents pour les jeunes, le programme peut aborder des sujets tels que la vérification des faits, la gestion des émotions en ligne et le discernement face aux contenus trompeurs.

Concours créatifs : Ibrahim propose d'organiser des concours créatifs tels que des vidéos, des affiches ou des histoires illustrant les dangers de la manipulation en ligne. Cela stimulerait la créativité des élèves tout en les sensibilisant de manière ludique.

Cours immersifs : Ibrahim propose des cours immersifs de résilience numérique qui intègrent des technologies interactives comme la réalité virtuelle pour simuler des scénarios de manipulation en ligne. Ces cours pourraient également impliquer des intervenants extérieurs, tels que des journalistes, pour partager des expériences réelles.

Clubs de résilience numérique : La création de clubs dans les écoles où les élèves peuvent explorer de manière collaborative des sujets liés à la désinformation. Ces clubs pourraient organiser des projets pratiques, des discussions et même des visites virtuelles dans des entreprises de médias.

Pour les Adultes (actifs sur les réseaux sociaux et professionnels) : idée de Thomas

Sessions pratiques : Des sessions pratiques interactives sur la vérification des informations peuvent être organisées. Les participants peuvent être encouragés à apporter des exemples réels pour discussion, renforçant ainsi la compréhension pratique des concepts.

Forums de discussion : La création de forums en ligne où les adultes peuvent partager leurs expériences et poser des questions permettrait d'établir une communauté d'apprentissage dynamique.

Hackathons contre la désinformation : Organiser des hackathons où les participants peuvent collaborer pour développer des outils numériques ou des applications visant à détecter et contrer la désinformation en ligne. Cela encouragerait l'innovation tout en renforçant la collaboration.

Certifications professionnelles : Thomas propose de développer des programmes de certification en résilience numérique spécifiques à certains secteurs professionnels. Ces certifications pourraient devenir une norme de l'industrie, soulignant l'importance de la compétence numérique dans le monde du travail.

Pour les personnes âgées (moins technophiles) : idée de Kévin

Ateliers Personnalisés : Les ateliers en personne peuvent être adaptés aux besoins spécifiques des personnes âgées. Cela pourrait inclure des démonstrations pratiques sur la navigation en ligne sécurisée et la reconnaissance des tentatives de manipulation. C'est la proposition de Thomas.

Parrainage intergénérationnel : des programmes de

parrainage entre les jeunes et les personnes âgées pourraient être mis en place, où les jeunes agiraient comme mentors pour enseigner des compétences numériques de base.

Partenariats avec les associations de retraités : Établir des partenariats avec des associations de retraités pour offrir des sessions éducatives spécifiques aux besoins des personnes âgées. Ces sessions pourraient être dispensées par des bénévoles de la même tranche d'âge.

Programmes intergénérationnels de mentorat : Lancer des programmes de mentorat où les jeunes peuvent offrir un soutien personnalisé pour aider les personnes âgées à maîtriser les compétences numériques. Ces programmes pourraient être organisés dans des espaces communautaires.

Stratégies transgénérationnelles

Défis familiaux : il propose au sein des familles de lancer des défis familiaux en ligne où les familles peuvent collaborer pour résoudre des enquêtes de désinformation par la vérification des faits. Cela créerait un environnement amusant et éducatif à la maison. Aissata, Marie, Ibrahim, Thomas, Kévin et Marc suggèrent même la création de récompenses communautaires pour les familles les plus impliquées.

Événements communautaires mensuels : Organiser des événements mensuels au sein des communautés où les différentes générations peuvent se réunir pour des activités éducatives et des discussions sur la résilience numérique. Cela favoriserait la compréhension intergénérationnelle.

En intégrant ces initiatives, Aissata, Marie, Ibrahim, Thomas, Kévin et Marc aspirent à créer un mouvement éducatif inclusif, engageant toutes les générations dans une démarche commune de compréhension et de défense contre la manipulation en ligne.

CONCLUSION

En refermant ces pages, nous émergeons d'un voyage fascinant dans les méandres de l'intelligence artificielle, où les fils invisibles de la manipulation tissent un paysage numérique complexe. Au fil de ces pages, nous avons découvert un monde où les lignes entre réalité et virtualité s'estompent, où chaque clic résonne bien au-delà de l'écran. C'est dans ce paysage en constante évolution que nous trouvons des enjeux cruciaux et des opportunités de changement qui touchent chacun d'entre nous.

Avant de clore ce chapitre, plongeons plus profondément dans les abysses de la réflexion, où chaque mot résonne comme une note finale dans une symphonie inachevée.

L'Éveil indispensable : Imaginez un instant que derrière chaque recommandation, chaque actualité partagée, se cache un algorithme méticuleux qui sculpte nos perceptions, nos opinions, et in fine, notre réalité. Nous sommes à l'aube d'une ère où la conscience de cette influence est aussi essentielle que la technologie elle-même. Contemplez la réalité virtuelle que nous avons construite, une réalité façonnée par des algorithmes invisibles. Chaque clic, chaque interaction, est une pièce d'un puzzle dont nous ne voyons que la face émergée. L'éveil à cette influence omniprésente devient notre porte d'entrée vers une compréhension plus profonde.

La Résilience comme bouclier : La résilience collective émerge comme notre bouclier face à ces réalités parfois déroutantes. C'est une invitation à être curieux, à se remettre en question, à chercher la vérité au-delà des apparences. Comprendre les subtilités des mécanismes de manipulation nous dote de l'armure nécessaire pour affronter un monde numérique complexe. La résilience, tissée dans le tissu même de notre conscience collective, n'est pas une simple armure contre la manipulation, mais une révolution de la pensée. C'est l'art de naviguer dans un monde où la vérité semble parfois fugitive, en restant ancré dans la réalité que nous voulons créer.

Éduquer pour libérer : Comme disait Nelson Mandela, « *l'éducation est l'arme la plus puissante pour changer le monde* ». En effet, l'éducation, souvent sous-estimée, constitue notre épée et notre bouclier dans cette quête. Partager ces connaissances, c'est armer chaque individu contre la désinformation, libérant ainsi un pouvoir immense. Partager ces connaissances n'est pas seulement un acte, c'est un combat contre la désinformation. C'est offrir à chaque individu la clé pour déverrouiller son potentiel d'influence sur la réalité d'une part et d'autre c'est forger des opinions éclairées et de préserver la démocratie. De plus outils techno numériques présentent également pleines d'opportunités qui, exploitées de manières responsables garantissent un progrès économique et social meilleur pour nous et notre planète.

L'Appel à l'action : Toutefois, refermer ces pages ne marque pas une fin, mais plutôt un prologue. C'est un appel à l'action, une convocation à s'élever au-delà de la passivité. Chaque action, même la plus petite, résonne dans le cyberespace, sculptant les contours du monde numérique de demain. L'intelligence artificielle offre pleines d'opportunité à l'humain à côtés des conséquences qu'elle peut engendrer du fait du mauvais usage. Engageons des discussions, partageons ces idées, et agissons car chaque clic, chaque partage, contribue à sculpter le paysage numérique de demain.

Soyons les semeurs d'idées dans un champ où la vérité est la récolte, où l'intelligence artificielle sert l'éthique et où la manipulation s'éteint devant la force de la pensée critique. L'aventure continue, et nous espérons devenir comme vous, les architectes de son déroulement.